मन पतंग दिल डोर

(कविता-संग्रह)

मन पतंग दिल डोर

परितोष त्रिपाठी

हिन्द युग्म

ISBN: 978-93-87464-57-5

प्रकाशक :
हिन्द-युग्म
सी-31, सेक्टर-20, नोएडा (उ.प्र.)-201301
मो.- 9873734046, 9968755908

मुद्रक : विकास कम्प्यूटर ऐंड प्रिंटर्स, दिल्ली
आवरण-संकल्पना: अनुराग बासु (लेखक-निर्देशक)
कला-निर्देशन : विजेंद्र एस विज

पहला संस्करण : अगस्त 2019
दूसरा संस्करण : मार्च 2021
चौथा संस्करण : अक्टूबर 2024
मूल्य : ₹199

Mann Patang Dil Dor

(A collection of poems by *Paritosh Tripathi*)

Published By
Hind Yugm
C-31, Sector-20, Noida (UP)-201301
Mob- 9873734046, 9968755908
Email- sampadak@hindyugm.com
Website- www.hindyugm.com

First Edition: Aug 2019
Second Edition: Mar 2021
Fourth Edition: Oct 2024
Price: ₹199

बताना ज़रूरी है

"ये जो सीने का धड़कता हिस्सा है
सब उसी का क़िस्सा है...।"

आज इन क़िस्सों ने किताब की शक्ल ले ली है, पर मुझे यक़ीन नहीं हो रहा है। वैसे भी यक़ीन तब होगा जब आप सबकी प्रतिक्रिया आएगी।

आज के ज़माने में सोशल मीडिया बहुत वक़्त ले लेता है, लोग बुक से ज़्यादा facebook में लगे हैं। ऐसे में किताब—मेरे मन में भी यही सवाल आया।

और जवाब मिला Social Media से ही।

किसी ने एक शेर post किया था।

'रात भर चलती है keypad पे उँगलियाँ
सीने पर किताब रख के सोए ज़माना हो गया।'

तो मुझे उम्मीद है ये किताब धड़कनों की मरम्मत करेगी। जहाँ के लिए लिखी गई है, वहाँ तक ज़रूर पहुँचेगी।

सच में जो दिल में आया और जिस तरह से आता गया, उसे ख़ाली पन्नों पर उतार दिया और ख़ाली कर लिया ख़ुद को, फिर से भर जाने के लिए।

इस यात्रा में मैं शुक्रगुज़ार हूँ-

अपने घर वालों का, जिन्होंने हमेशा मुझे अपने सपनों को जीने की छूट दी।

अपने मित्रों का, जो मुझे अभिनेता होने से पहले मित्र होने का एहसास दिलाते रहते हैं।

शुक्रगुज़ार हूँ गीता दीदी (गीता कपूर) का, जिन्होंने बिखरे पन्नों को समेटकर इस लायक़ कर दिया कि किताब बनाने में आसानी हो गई।

शुक्रगुज़ार हूँ शिल्पा जी (शिल्पा शेट्टी कुंद्रा) का, जिनके आशिक़ (मामाजी) का किरदार करते-करते मैं शायर बन गया।

शुक्रगुज़ार हूँ 'हिंद युग्म' प्रकाशन का, जिन्होंने मुझे ये मौक़ा दिया।

दिव्य भैया (दिव्य प्रकाश दुबे) का, जिनके बिना कुछ भी संभव नहीं था।

राकेश का, जिसने बहुत मदद की।

और अंत में सबसे ज़्यादा आप सबका शुक्रगुज़ार हूँ।

बाक़ी पुरानी चिट्ठियों की तरह
'थोड़ा लिखा ज़्यादा समझना'

परितोष त्रिपाठी
(न्यूकमर poet)
मुंबई

महसूस करना ज़रूरी है

पापा,
आपने कहा था कि मेरे पैदा होने के बाद आपको कला समझ में आई।
आपके चले जाने के बाद मुझे आपका महत्व समझ में आ रहा है।

माँ,
ये सच है कि हर बच्चे की पहली Teacher उसकी माँ होती है, पर मेरी माँ सच में Teacher है।
उसी ने उँगली पकड़ के चलना और हाथ पकड़ के लिखना सिखाया है।
और आज भी सिखाती है कुछ-न-कुछ।

Once More

हर ख़ामोशी अपने साथ एक शोर लेके आती है
जैसे मेरी कविता Once more लेके आती है...

उपरोक्त पंक्तियाँ इसी किताब से हैं। सच बात तो यह है कि लिखते वक़्त मैंने बस क़ाफ़ियाबाज़ी की थी, मुझे नहीं पता था कि यह बात सच हो जाएगी।

'मन पतंग दिल डोर' का दूसरा Edition उस हिम्मत को समर्पित है जिसकी वजह मेरे पाठक और मेरे प्रशंसक हैं।

आपका,
परितोष त्रिपाठी
मुंबई

दूसरा एडिशन मुबारक हो!

किताबों को पढ़ने का शौक़ मुझे हमेशा से रहा है। लेकिन अच्छी रचनाएँ और सच्ची कविताओं से मेरे लगाव का श्रेय मैं परितोष को देना चाहूँगी।

हर बहन को अपने भाई का काम अच्छा तो लगता ही है लेकिन मुझे परितोष मजबूर करता है कि मैं उसकी रचनाओं को आम इंसान के नज़रिये से पढ़ूँ। हालाँकि मेरा इस फ़ील्ड का कोई ज्ञान नहीं है, फिर भी वह अक्सर मेरा फ़ीडबैक माँगता है, यह उसका बड़प्पन है।

लेकिन आज फ़ीडबैक सुन लो मेरे भाई! तुमने अपने कविताओं के द्वारा ज़िंदगी के नवरसों को बहुत सरल तरीक़े से मुझसे वाक़िफ़ कराया है। 'मन पतंग दिल डोर' की ज़्यादातर कविताएँ relatable लगती हैं जैसे तुमने हमारे complicated emotions को simple तरीक़े से समेटा हो। यह तुम्हारी सबसे ख़ूबसूरत quality है।

आज जब तुम्हारी दूसरी किताब (चाय-सी मोहब्बत) के आने के साथ-साथ तुम्हारी पहली किताब का दूसरा एडिशन छपने जा रहा है तो न सिर्फ़ एक बहन बल्कि एक पाठक की भी ख़ुशी का अंदाज़ा मैं शब्दों मैं बयाँ नहीं कर पा रही हूँ।

लेकिन यह ज़रूर कहूँगी- I'm VERY PROUD OF YOU BHAI!

तुमको दूसरा एडिशन मुबारक हो! तुमको तहेदिल से शुभकामनाएँ और आशीर्वाद! तुम हमेशा इसी तरह लोगों को दिलों पर राज करो, खूब तरक़्क़ी करो और तुम्हारी हर माँगी दुआ क़ुबूल हो...

हमेशा मेरे दिल और दुआ में रहोगे

बहुत प्यार,
गीता

गीता कपूर, मशहूर नृत्य निर्देशक

“ ”

परितोष त्रिपाठी एक अच्छे कलाकार और अच्छे कवि हैं। मंच पर उन्हें सुना पर ख़ुशी की बात यह है कि अब उन्हें पढ़ने को भी मिलेगा। उनका काव्य संग्रह आ रहा है 'मन पतंग दिल डोर', उन्हें इस संग्रह के लिए ढेर सारी शुभकामनाएँ।

डॉ. राहत इंदौरी, शायर

“ ”

प्रिय परितोष,

प्रेम जीवन का सबसे ख़ूबसूरत रंग है। आपने इस रंग को कविता में उतारकर इसे और ख़ूबसूरत बना दिया है। आप के इस काव्य संकलन 'मन पतंग दिल डोर' को ढेर सारी शुभकामनाएँ! एक कवि और कलाकार के रूप में आप का जीवन मंगलमय हो!

पद्मश्री सुरेंद्र शर्मा, हास्य कवि

“ ”

परितोष,

‘मन पतंग दिल डोर’ के लिए बहुत-बहुत शुभकामनाएँ! ईश्वर ने सृजन का अधिकार बहुत कम लोगों को दिया है। पृथ्वी पर प्रकृति को आगे ले जाने के लिए ईश्वर ने क्रिएशन का अधिकार स्त्री को दिया है। एक बच्चे के जन्म लेने के बाद हल्की-सी तंद्रा या हल्की-सी बेहोशी के बीच जो अनुभूति उसकी माँ को पहली बार होती है, जब बच्चा हाथ में आता है, ऐसी ही अनुभूति एक लेखक को होती है जब काग़ज़ पर छपी हुई उसकी किताब उसके हाथ में आती है। यह वही समझ सकता है जिसने उसको जिया है। मैं उस अनुभूति को समझता हूँ और तुम मेरे बहुत प्रिय छोटे भाई हो। तुमको बहुत-बहुत आशीर्वाद! यह पतंग सृजन का वह आकाश छूए जहाँ से इसके बहुरंगी रंग सब की छतों तक पहुँचें, सबके घरों तक पहुँचे, यह पतंग किसी की डोर न काटे बल्कि यह दूसरी पतंगों के साथ हिल-मिलकर इस आकाश को अनंत संभावनाओं के रंगों से भर दे। सबके मन में एक परितोष का भाव पैदा करे।

डॉ. कुमार विश्वास, प्रख्यात कवि

“ ”

आते-जाते Studio की गलियों में, कभी फ़ुरसत में, कभी व्यस्तता में परितोष की रचनाओं को सुनने का सौभाग्य प्रात हुआ है। बेहद ख़ुशी है कि अब वो रचनाएँ इस किताब में क़ैद हो गई हैं वरना उन्हीं studio की गलियों में कहीं गुम हो जातीं।

अनुराग बासु, फ़िल्म निर्देशक

" "

निराकार भावों को साकार करने वाला ही कलाकार कहलाता है। प्रिय परितोष, आपको परमात्मा ने अभिव्यक्ति का वरदान दिया है। फिर चाहे वह अभिव्यक्ति पर्दे पर हो या पन्नों पर, आप दोनों ही स्थानों पर सहज हैं। और अपने इसी गुण के कारण आप बड़ी सरलता से कलारसिकों के चित्त में स्थान बना लेते हैं।

आपकी कुछ रचनाएँ मुझे व्यक्ति की परिधि से निकालकर चित्त के वर्तुल में ले गईं।

मुझे विश्वास है कि आपकी रचनाएँ मान्यताओं और विचारों में आबद्ध व्यक्ति को निर्बंध करने का कार्य करेंगी। अशेष शुभकामनाएँ... शुभम भवतु!

आशुतोष राणा, अभिनेता

“ ”

देश, समाज और मानवीय संबंधों की अपार संवेदना दिखती है परितोष की कविताओं में।
मेरी शुभकामना है ये कविताएँ छपती रहें, सिर्फ़ पुस्तक के रूप में नहीं, लोगों की स्मृतियों में भी।

पंकज त्रिपाठी, अभिनेता

“ ”

परितोष से मेरी मुलाक़ात प्रेमचंद के लिखे एक प्ले 'बड़े भाईसाहब' के मंचन के दौरान हुई थी। मैंने डरते-डरते परितोष को अपनी पहली किताब दी थी कि देखो समझ आए तो किसी कहानी का प्ले बनाना।

मैं किताब देकर भूल गया और अगले दिन ही परितोष का फ़ोन आ गया कि भइया हमारी पूरी टोली ने किताब पढ़ ली है। वो दिन है उसे जहाँ मौक़ा मिलता है वो मेरी किताब ऐसे बढ़ाता है जैसे पिछले जन्म का कोई उधार हो।

अब जब परितोष की पहली किताब आ रही है, तब मुझे न केवल इस बात की ख़ुशी है कि चलो एक और लड़के को मैंने बिगाड़ दिया बल्कि उससे ज़्यादा ख़ुशी इस बात की है कि परितोष की अच्छे काम की भूख अब भी वैसी ही है जैसे आज से कुछ साल पहले थी।

ये बेचैनी ही है जो अब भी एक एक्टर, एक एंकर को कविता की तरफ़ वापस खींच लाती है। ये कविताएँ, ये एक्सप्रेशन किसी परिभाषा में बाँधे नहीं जा सकते, ये परितोष के जैसे हैं—कभी सजग

तो कभी एकदम लापरवाह। नदी लापरवाह नहीं होती तो नदी नहीं होती।

इसीलिए 'मन पतंग दिल डोर' का लिखा जाना महत्वपूर्ण है, क्योंकि ये फ़लाने या ढिमाके जैसा होने की कोशिश भी नहीं करती।

परितोष की कविताओं में बेचैनी है, आवारा सपने हैं, समर्पण है और इन सबसे बढ़कर उम्मीद है।

उम्मीद भी वो है जो लापता हुई तो नहीं, पर होने वाली है।

मुझे भी उम्मीद है कि तुम्हारी किताब तुम्हारे काम के जैसे घर-घर पहुँचे।

सादर

दिव्य प्रकाश दुबे
लेखक—अक्टूबर जंक्शन, मुसाफ़िर कैफ़े, मसाला चाय

कविता-क्रम

तुम कहती हो...	23
क्या-क्या लिखूँ...	25
इसी में से कोई	26
जोड़ियाँ	28
नक़ली मुँह...	30
कैसे कर लेते हो	32
इ से इश्क़	34
कोई भी मिलती है	36
वो पराई नहीं है	38
प्यार वाली पतंग	39
शब्द	41
बस बता रहा हूँ	42
शहर जवान हो रहा है	44
मुंबई	45
3D सपना	47
Whatsapp ग्रुप	48
सुबह-सुबह मिल जाओ	50
शायरी करूँगा	52
R.K. STUDIO	54
मैं	56
बच्चे	58
मज़दूर	59

60 Theatre वाले
62 वैसे-जैसे
64 60 साल की बच्ची
66 ओ मेरे तुम
67 तुम याद करना
68 पहला kiss
70 हम-तुम
72 नवजात पौधा
74 वो नदी है
75 वो अल्हड़ मुस्कान-सी लड़की है
79 कैसे लिखूँ
81 तुम्हारा नाम लिखना है
83 लगता है
84 वो आई है
86 वो इश्क़ लिखती है
87 चुटकुलों का बाज़ार
88 ज़िंदगी
90 सिद्धार्थ
92 फिर मुंबई...
94 अंदर का घाव
95 आँखें और पलकें
97 इतना-सा क़िस्सा है
100 आवाज़ें
102 शहर का जंगल
104 चुनाव
106 Cold कॉफ़ी hot इश्क़
108 90's का कमरा
110 ज़िंदा रखना

और सुनो...

चींटियाँ लग गई हैं नमक के डिब्बे पे।
मैंने तुमसे कहा था न, कुछ भी छुआ मत करो।

तुम कहती हो...

तुम कहती हो...
शायरी लिखते हो!
मैं कहता हूँ...
दिल का छाला लिखता हूँ।

तुम कहती हो...
भूख लिखते हो!
मैं कहता हूँ...
ग़रीब का निवाला लिखता हूँ।

तुम कहती हो...
रिश्तों पे धाँसू लिखते हो!
मैं कहता हूँ...
सूखे हुए आँसू लिखता हूँ।

तुम कहती हो...
दिल का ज़ख़्म लिखते हो!
मैं कहता हूँ...
नमक का बाज़ार लिखता हूँ।

तुम कहती हो...
बरसों की नींद लिखते हो!
मैं कहता हूँ...
ख़्वाब में मिलने की उम्मीद लिखता हूँ।

तुम कहती हो...
प्यार-मोहब्बत कुछ नहीं, तुम बस आदत लिखते हो!
मैं कहता हूँ...
हाँ प्यार-मोहब्बत कुछ नहीं।
मैं बस इबादत लिखता हूँ।

क्या-क्या लिखूँ...

तू बता...
गोल-गोल लिख के निकल जाऊँ
या तेरा नाम लेके तेरी बदनामी लिखूँ।

लबों पे लबों की निशानी लिखूँ
होंठों से पिया तेरी आँखों का पानी लिखूँ।

जिसे चूमे एक अरसा हुआ तेरी वो पेशानी लिखूँ
पढ़ने वाले चटकारे लें, सिर्फ़ जिस्मानी लिखूँ।

बेशर्म हो के बंद कमरे की कहानी लिखूँ
या जैसा था...
वो इश्क़ रूहानी लिखूँ।

पन्ने में समाएगा नहीं हुस्न और इश्क़ तेरा
सोचता हूँ तुझपे पूरी ज़िंदगानी लिखूँ।

इसी में से कोई

तू इसी में से कोई है।

तू उलझन है...
न सही जाती है।
न कही जाती है।

तू राह है...
पहुँचाती भी है।
भटकाती भी है।

तू वादा है...
निभाती भी है।
तोड़ जाती भी है।

तू हवा है...
आग बुझाती भी है।
आग लगाती भी है।

तू धर्म है...
तू ज़रूरी भी है।
तू मजबूरी भी है।

तू आग है...
जीते जी तुझपे चलना नहीं।
मरने पे तुझ बिन जलना नहीं।

जोड़ियाँ

हर रात अपने साथ सहर लेके आती है।
जैसे हर ख़ुशी अपने साथ एक डर लेके आती है।

हर महफ़िल अपने साथ अकेलापन लेके आती है
जैसे हर समझदारी साथ में पागलपन लेके आती है।

हर शोहरत अपने साथ बदनामी लेके आती है।
जैसे बंजर आँख अपने साथ सुनामी लेके आती है।

हर सड़क अपने साथ एक मोड़ लेके आती है।
जैसे हर बीमारी अपने साथ एक तोड़ लेके आती है।

हर ख़ामोशी अपने साथ एक शोर लेके आती है।
जैसे मेरी poetry अपने साथ once more लेके आती है।

हर रानी अपने साथ एक सौत लेके आती है।
जैसे ज़िंदगी अपने साथ मौत लेके आती है।

हर मुलाक़ात अपने साथ एक जुदाई लेके आती है।
जैसे मोहब्बत अपने साथ रुसवाई लेके आती है।

हर सवेरा अपने साथ एक शाम लेके आता है।
जैसे star kid अपने बाप का नाम लेके आता है।

देखा...
सब जोड़ियों में आते हैं।
एक बस हम ही हैं,
जो अकेले जिए जाते हैं।

नक़ली मुँह...

अपना नहीं तो पराए का दिला दो।
पूरे पैसे ले लो या किराये का दिला दो।

मैं use कर के फिर धर दूँगा।
वादा करता हूँ, वापस कर दूँगा।

सुनो मुझे...
मुझे एक नक़ली मुँह दिला दो।

अनसुना-सा सुने...
वो कान लगा देना।
अनदेखा-सा देख सके...
वो आँखें सजा देना।

बिलकुल fake हँसी हो दाँतों में
सच छुप जाए झूठी बातों में

और हाँ ..
ज़ुबान में चाटुकारी की झड़ी हो।
रोज़ कटा सकूँ इसलिए नाक थोड़ी बड़ी हो।

अपना असली वाला मैं आज से खूँटी पे टाँग रहा हूँ।
और बहुत ज़रूरत आन पड़ी है इसलिए माँग रहा हूँ।

सुनो मुझे..
मुझे अपने मुँह पर proud नहीं है।
और नक़ली महफ़िलों में असली मुँह
allowed नहीं है।

कैसे कर लेते हो

कैसे कर लेते हो...
दूर से सारी रात बेचैन मुझे।
झूठी अदाकारी से अपना .फ़ैन मुझे।

कैसे कर लेते हो...
मुझे छोड़ के नज़रें सबकी ओर।
online हो के भी message ignore.

कैसे कर लेते हो...
दूसरों से तेरी मेरी personal वाली बातें।
पिछले दिनों की नींद उड़ी सारी रातें।

कैसे कर लेते हो...
वादा कर के न मिलने की हिम्मत।
पल-पल तड़पाते रहने ही जुर्रत।

कैसे कर लेते हो...
थोड़ी-सी wine में महफ़िल रंगीन।
चूम के मुझे, मेरे होंठ नमकीन।

कैसे कर लेते हो...
हाथों से मेरा चेहरा पकड़ के चाँद का एहसास।
बहते रहते आँसू, बुझती नहीं रूह की प्यास।

कैसे कर लेते हो...
Video call पे अलसायी आँखों से दीदार मेरा।
आदत नहीं है, या समझना नहीं चाहते प्यार मेरा।

इ से इश्क़

बदल गया
या बदल जाता है

कभी-कभी देखा हुआ, पढ़ा हुआ और समझा हुआ
सबकुछ...

'क' से कबूतर बदल गया।
बदल गई 'च' से चिट्ठी भी।

'ख' से खिलौना बदल गया।
बदल गई खिलौने की मिट्टी भी।

जैसे बदल गया 'ब' से बचपन।
वैसे बदल जाएगी 'ज' से जवानी भी।

जब ‘घ’ से घर बदल गया।
तो बदल गया है ‘प’ से पानी भी।

और पानी ने बदल ली है जगह अपनी।
आजकल आँखों के सिवा हर जगह रहता है।

नहीं बदला है तो ‘ग’ से उसकी गलियों का फेरा।
नहीं बदला है तो बस ‘इ’ से इश्क़ मेरा।
‘इ’ से इश्क़ तेरा...

कोई भी मिलती है

कोई भी मिलती है...
तो गुलज़ार की बातें करता हूँ,
किसी में वो गहराई नहीं है।

कोई भी मिलती है...
तो उसकी आँखें पढ़ता हूँ।
किसी की आँख में वो सुनवाई नहीं है।

कोई भी मिलती है...
तो 'लग जा गले' सुनता हूँ।
किसी की आवाज़ में वो जुदाई नहीं है।

कोई भी मिलती है...
तो खुल के बोलने देता हूँ।
किसी भी जुबान में वो मिठाई नहीं है।

कोई भी मिलती है...
तो ज़ुल्फ़ों से खेलना चाहता हूँ।
किसी में वो अँगड़ाई नहीं है।

कोई भी मिलती है...
तो गले लगने देता हूँ।
कोई भी रूह में समाई नहीं है।

बंजर हो गया है इश्क़...
नई कली नहीं खिलती है।
तुम थी तो सब था।
अब कोई भी मिलती है।

और कोई भी मिलती है तो...
पढ़ लो फिर से...

वो पराई नहीं है

मजबूरियाँ उसका दामन छोड़ती नहीं।
हमने भी कोई क़सम खिलाई नहीं है।

मिलने का वक़्त तो दिया है,
पर मिलने आई नहीं है।

उसकी पसंद पूछ के बस तसल्ली देता हूँ।
इतनी मेरी कमाई नहीं है।

मुद्दतें हुईं उससे मिले।
हम साथ रहते तो नहीं, पर जुदाई नहीं है।

अब तक देखा नहीं है उसे ग़ैर की बाँहों में।
वो मेरी तो रही नहीं, पर शायद पराई नहीं है।

प्यार वाली पतंग

मन के माँझे से बाँधकर उड़ाना मुझे।
प्यार वाली पतंग बनाना मुझे।

सुर्ख़ होंठ रख के होंठों पे मीठा ज़हर पिलाना मुझे।
दिल की डोर से बाँधकर अपने क़रीब लाना मुझे।
प्यार वाली पतंग बनाना मुझे।

गर बूढ़ा हो जाऊँ तो बचपन याद दिलाना मुझे।
अपने पाँव पे सुलाना मुझे, परियों की कहानी सुनाना मुझे।
और रूठने से पहले मनाना मुझे।
प्यार वाली पतंग बनाना मुझे।

पतंग की उड़ान बड़ी ख़ास होती है।
उड़ती वो अकेली है, पर डोर किसी और के पास होती है।
गर छूट कई डोर तो उड़ जाएगी।
उतनी दूर होगी जहाँ तक नज़र न जाएगी।

तेरी नज़रों से दूर न जाऊँ।
बस उतनी दूर ले जाना मुझे।
प्यार वाली पतंग बनाना मुझे।

शब्द

कभी-कभी चिल्ला पड़ते हैं मेरे शब्द।
लगता है इन्होंने भी Theatre किया है।

कभी-कभी पिघलने लगते हैं मेरे शब्द।
लगता है इन्होंने भी तुम्हारा ताप लिया है।

कभी-कभी महकने लगते हैं मेरे शब्द।
लगता है इन्होंने भी तुम्हें जिया है।

कभी-कभी झूमने लगते हैं मेरे शब्द।
लगता है इन्होंने भी तुम्हारा नशा किया है।

कभी-कभी ठहर जाते हैं मेरे शब्द।
लगता है इन्होंने भी तुम्हें याद किया है।

बस बता रहा हूँ

मैं चावल-दाल हाथ से खाता हूँ।
अकेले में नाख़ून दाँत से चबाता हूँ।

पता है आज भी lights off करके नहीं सो पाता हूँ।
और सुनो...
सुबह जब काम वाली आती है तब TV बंद कर पता हूँ।

Kitchen की खिड़की पर बैठ के कोयल नहीं गाती है।
Trivago वाले नमूने को देख के अब हँसी नहीं आती है।

आज फिर चाय दो कप बन गई थी।
एक भी नहीं पी गई थी।

इस दीवाली किसी brand का नहीं बस mood का पता है
कि कितना off चल रहा है।

अच्छा तो एक नज़र देख के OTP याद नहीं कर पाता।
सिर्फ़ flat का number याद है।

जहाँ कभी 'तुम' थी।
और थोड़ा-सा मैं भी।
आज सिर्फ़ मैं हूँ।
और 'तुम' थोड़ी भी नहीं।
शिकायत नहीं है...
... बस बता रहा हूँ।

शहर जवान हो रहा है

पुरानी गलियों में नई दुकानें।
नए आशिक़ों की खुली हुई बाँहें।
गिफ़्ट शॉप पे नई लड़की घड़ी का रेट पूछती है।
कोई नया लड़का हॉस्टल का पीछे वाला gate पूछता है।

कोई नई लड़की सहेली के birthday का बहाना बनाती है।
कोई नया लड़का माँ के पर्स से recharge का पैसा चुराता है।

किसी नई लड़की की आँखों में इंतज़ार है।
किसी नए लड़के के दिल में नया-सा प्यार है।

क़दम-क़दम पे मन हैरान हो रहा है।
मैं पुराना होता जा रहा हूँ?
या
मेरा शहर जवान हो रहा है...

मुंबई

यक़ीन मानिए यहाँ फ़्लाइट्स नहीं आती।
ट्रेंस नहीं आती।
गाड़ियाँ भी नहीं आतीं।
इनमें भरकर ख़्वाब आते हैं।

कभी देख लेना।
यहाँ लोग नहीं आते।
बच्चे-बूढ़े नहीं आते।
मॉडल्स भी नहीं आते।
कल चमकने वाले आफ़ताब आते हैं।
गाड़ियाँ नहीं आतीं।
इनमें भरकर ख़्वाब आते हैं।

मैंने आज़माया है।
यहाँ लोग नहीं ख़्वाब हँसते हैं।
लोग नहीं ख़्वाब रोते हैं।

ख़्वाब जगते हैं।
ख़्वाब सोते हैं।

टिकते बस वही हैं।
जिनके ख़्वाब ज़िंदा होते हैं।
गाड़ियाँ नहीं आतीं।
इन में भरकर ख़्वाब आते हैं।

3D सपना

तुम्हारी गोद में सो के तुम्हारे ख़्वाब आते हैं।
मैंने पहली बार 3D सपना देखा है।
तुम क़बूल करो या शरमा जाओ।
तुम्हारी आँखों में मैंने चेहरा अपना देखा है।
छूने से सिहरन क्या और आह क्या।
क़रीब आने पर मैंने बदन का तपना देखा है।
पहली बार मैंने 3D सपना देखा है।

तुम्हें सीने पे सुला के धड़कनों की मरम्मत होती है।
मैंने पहली बार दिल उछलते देखा है।
तुम क़बूल करो या मुकर जाओ।
मेरे नाम पे तुम्हें मचलते देखा है।
छेड़ने की वही पुरानी अदा तुम्हारी।
महफ़िल में दुनिया भर की बातें।
और अकेले में नर्म होंठों का कँपना देखा है।
पहली बार मैंने 3D सपना देखा है।

Whatsapp ग्रुप

हम चारों ने Whatsapp ग्रुप बना लिया है।
मैं... तुम्हारी महक... तुम्हारी याद... और तुम्हारी नादानी

तुम्हारी 'महक' ADMIN है।
जब कोई भी ACTIVE न हो तो भी वो तुम्हारा एहसास कराती है।

जब कोई ख़बर न मिले तो हमें पास बुलाती है।
और 'याद' तो बहुत ज़िद्दी है।
हर वक़्त GROUP में हमें सताती है।
लाख मना करूँ तो भी NOTIFICATION दे जाती है।

समझ नहीं आता इस 'याद' का मैं क्या करूँ।
इसके साथ जिया नहीं जाता।
और GROUP EXIT कैसे करूँ!

और तुम्हारी 'नादानी' वो तो कमाल करती है।
छोटी-छोटी बातों पे मुँह लाल करती है।
उसने ही मुझे हँसाया है।
ये देखो...
FUNNY EMOJI भेज के फिर मुँह चिढ़ाया है।

बचा 'मैं'...
मैं तब भी कुछ नहीं कहता था।
अब भी कुछ नहीं कहता हूँ।
तुम्हारे जाने के बाद...
इन तीनों के साथ उम्मीद में ONLINE रहता हूँ।

सुबह-सुबह मिल जाओ

सुबह-सुबह मिल जाओ और रात करो।
कुछ सोच के मत आओ, न कोई बात करो।

बिना बोले चाय पीना।
और इशारे से चीनी बताना।
कुछ भी माँग के मत खाना।
ख़ुद लेके हक़ जताना।
तो क़सम दे दूँ इस लास्ट chat की।
अब सच्ची मुलाक़ात करो।
सुबह-सुबह मिल जाओ और रात करो।

कर के पूरी तैयारी बुला रहा हूँ।
घर ठीक था अब सब बिखरा रहा हूँ।
प्यार-मोहब्बत की बात करूँ तो टाल देना।
इश्क़ के तौलिए को दोस्ती की रस्सी पे डाल देना।
इससे पहले जून की गरमी आ जाए।

तुम जुलाई की बरसात करो।
सुबह-सुबह आ जाओ और रात करो।

नहीं-नहीं मैं तुम्हारे घर नहीं आऊँगा।
मैं भुलक्कड़दास हूँ तुम्हारे पास फिर दिल भूल जाऊँगा।
Offline ? offline हो गई ?
अच्छा... दिल जिगर नज़र क्या...
मैं तो *समीर के गीत भूल जाऊँगा।
Promise... अपनी कविताओं में भी हिज्र नहीं लाऊँगा।

मेरी बस चाल होगी तुम मात करो।
wait करूँगा।
सुबह-सुबह आओ और रात करो।

**समीर जी Bollywood के प्रसिद्ध गीतकार हैं*

शायरी करूँगा

दिल है...
दर्द है...
दवात है...
और आधी रात है...

इश्क़ की कड़ियाँ जुड़ी हुई हैं।
नींद आँखों से उड़ी हुई हैं।
तो शायरी करूँगा...

धुँध है...
धूल है...
धुआँ है...
इस मौसम को कुछ हुआ है।
तो शायरी करूँगा..

ख़्वाब है...
ख़ामोशी है...
ख़याल है...
मेरे जैसे उसका भी हाल है।
तो शायरी करूँगा...

तन्हाई है...
तड़प है...
तूफ़ान है...
हाल-ए-दिल से दोनों अनजान हैं।
तो शायरी करूँगा...

रंजिश है...
राबता है...
रुसवाई है...
सब भूल के वो फिर मिलने आई है।
तो शायरी करूँगा।

R.K. STUDIO

मैं ईंट की दीवार नहीं हूँ।
न हूँ कोई सामान्य मकान।
ख़्वाबों की ज़मीन पे रहता हूँ।
ओढ़ के सितारों का आसमान।

मेरे सीने में परदे से ज़्यादा कहानियाँ हैं।
मेरे बदन पे सिनेमाई इश्क़ की निशानियाँ हैं।

चहलक़दमी करते थे सितारे जिसपे उदास वो लाल ग़लीचा है।
यहाँ की मिट्टी से उसके नाम की ख़ुशबू आती है।
जिसे उस 'जोकर' ने अपने आँसुओं से सींचा है।

कुछ दिनों से मेरे आस-पास की इमारतें फुसफुसा रही हैं।
मेरे साथ अनहोनी होने वाली है, ऐसा बता रही हैं।

मेरे बदले यहाँ इमारत ऊँची आएगी।
मगर बड़ी होना कहाँ से सीख पाएगी।

बदन जलने पे मरहम लगाते हैं।
पराया जान के सौदा नहीं कर आते हैं।

'आग' और 'बरसात' का रिश्ता टूटेगा कैसे।
रंग होली का रूह पे चढ़ा है, भला छूटेगा कैसे।

चिल्लाता हूँ सूबहो-शाम, पर मेरी सुनता है कौन।
मालिक ने सिखाया था,
The show must go on...

**मामाजी किरदार की शुरुआत मुंबई के RK STUDIO से हुई थी। इसलिए ये कविता RK Studio को समर्पित।*

मैं

मैं...
थोड़ा साँवला हूँ ना?
हाँ...
तुमने मुझे अपनी आँखों में बसाया था।

मैं...
थोड़ा बावला हूँ ना?
हाँ...
तुमने मुझे सीने से लगाया था।

मैं...
थोड़ा अकेला हूँ ना?
हाँ...
मैंने तुम्हारे जितना नहीं निभाया था।

मैं...
थोड़ा मनमौजी हूँ ना?
हाँ...
तुमसे मैंने ये छुपाया था।

मैं...
थोड़ा उदास हूँ ना?
हाँ...
मैं तुमसे जाते-जाते कह नहीं पाया था।

बच्चे

बच्चे ईद की ईदी होते हैं।
बच्चे छोटी abcd होते हैं।

बच्चे उदासी के मुँह पे,
शरारत की मार होते हैं।

बच्चे भाग दौड़ वाले सप्ताह में,
सुकून वाला इतवार होते हैं।

बच्चे ख़्वाबों का आसमान होते हैं।
बच्चे दोनों जहान होते हैं।

बच्चे मासूमियत की गठरी होते हैं।
बच्चे सर्दी में चाय के साथ मठरी होते हैं।

बच्चे निर्भीक, निडर, निश्छल होते हैं।
बच्चे बड़ों का कभी न लौटने वाला कल होते हैं।

मज़दूर

आपकी महँगी गाड़ी चलाने वाला,
अक्सर घर पैदल जाता है।

करोड़ों की रखवाली करने वाला,
वक़्त पर पगार नहीं पाता है।

कभी-कभी एक वक़्त भूखा रहता है।
जो आपके लिए आधे घंटे में पिज़्ज़ा पहुँचाता है।

बारिश में छत टपकती है उसके घर की।
जो आपके लिए बड़ी-बड़ी बिल्डिंग बनाता है।

Theatre वाले

हम हर पीड़ा नेपथ्य में छोड़ देते हैं।
हम *'तुग़लक़', *'अश्वत्थामा' बनने के लिए,
ख़ुद से नाता तोड़ लेते हैं।

हमने कब कहा
फ़िल्मी दोस्ती हराम है।
पर हमारा असली सखा
*'सखाराम' है।

हो सकता है हमने घर के काम अधूरे किए हैं।
पर हमने हर बार *'आधे-अधूरे' पूरे किए हैं।

Car मिल गई तो हमने अपनों को नहीं छोड़ा है।
हमारे मन के अस्तबल में आज भी *'पगला घोड़ा' है।

विषय-सूची

प्रवेश 15

हस्ताक्षर विज्ञान का इतिहास 20

हस्ताक्षर विज्ञान का उपयोग 27

हस्ताक्षर: अपरिवर्तनीय व्यक्तिगत मौलिकता ... 43

हस्ताक्षर विश्लेषण 51

हस्ताक्षर और चरित्र 87

हस्ताक्षरों में बदलाव 112

हस्ताक्षर और जालसाज़ी 123

हस्ताक्षर विज्ञान: कुछ अनुभव 129

तुम मुझ पर वैसे ग़ुस्सा करो,
जैसे कोई डाँटकर ख़ुद आँसू बहाती है।

तुम मुझमें वैसी महक छोड़ जाओ,
जैसी पहली बारिश के बाद मिट्टी से आती है।

और हाँ...
रही बात मोहब्बत की...
तुम मुझसे वैसी मोहब्बत करो जैसी तुम्हें निभानी आती है।

60 साल की बच्ची

60 साल की डरी सहमी बच्ची है वो।
रिश्ते बचाने की ख़ातिर भले झूठी, पर दिल की सच्ची है वो।

खुद एम.ए. पढ़ी है।
दसवीं पास नानी से सलाह करती है।
चोट मेरे पाँव में लगे, तो वो आह करती है।

ग़ुस्से में रहती है पर जताती नहीं।
हिंदुस्तानी है पापा से पहले खाती नहीं।

याद है तेरा पल्लू को फाड़कर पट्‌टी बनाना।
याद है परीक्षा से पहले दही-चीनी खिलाना।

याद है तेरी चूड़ियों का मेरी पीठ पर टूटना।
नादानी में उल्टा मेरा तुझसे रूठना।

उसी ने पैदा किया है और हम समझते हैं, अक़्ल की कच्ची है वो।
60 साल की डरी सहमी बच्ची है वो।

ओ मेरे तुम

ओ मेरे तुम...
कोई ख़बर थी जो देनी थी।
और तुम बेख़बर हो गए।

पल-पल पूछता है दिल मेरा हाल तुम्हारा।
अरे हमारा न पूछो हम तो बेसब्र हो गए।

ओ मेरे तुम...
कोई ख़बर थी जो देनी थी।
और तुम बेख़बर हो गए।

ओ मेरे तुम...
वक़्त से वक़्त चुरा लो।
एक बार सीने पे सुला लो।
फिर न कहना हम क़ब्र हो गए।

...ओ मेरे तुम!

तुम याद करना

सबको आज़माने के बाद करना।
तकलीफ़ हो तो ज़रूर याद करना।

अनजान शहर में अपनापन दिखाऊँगा।
तेरे आँसू लतीफ़ों से हटाऊँगा।

कोई एक साथ हो तो दुख घट जाता है।
जैसे बिजली के आने से डर हट जाता है।

ठहरे पानी में रवानी बन के आऊँगा।
उजड़े screenplay में कहानी बन के आऊँगा।

तोड़ देंगे मिल के मुसीबत का चक्रव्यूह।
तुम बस शंखनाद करना।

सबको आज़माने के बाद करना।
तकलीफ़ हो तो ज़रूर याद करना।

पहला kiss

पहला kiss वो नहीं होता,
जो जल्दबाज़ी में हुआ।
पहला kiss वो है जिसमें लबों पे छोड़ जाए कोई दुआ।

पहला kiss वो नहीं,
जिसमें मन पाक न हो।
पहला kiss उसे न कहो जो अपने आप न हो।

पहला kiss वो नहीं,
जिससे पारा चढ़ जाए।
पहला kiss वो है जिससे रंगत और बढ़ जाए।

पहला kiss वो नहीं,
जिससे मन बहक जाए।
पहला kiss वो है, जिससे तन महक जाए।

पहला kiss वो नहीं,
जो गाल गीले कर जाए।
पहला kiss वो है जो सपने नीले कर जाए।

पहला kiss वो नहीं,
जिसके ख़याल से दिल डर जाए।
पहला kiss वो है, याद करो और आँख भर जाए।

हम-तुम

तुम हमारी आँखों में बस जाओ।
हम तुम्हारी आँखों में बस जाते हैं।
चलो कहीं सुनसान में जाकर ख़ूब शोर मचाते हैं।

और बहुत हो चुका साँसों का एहसान,
तुम दिल बन जाओ हम धड़कन बन जाते हैं।

बाबू बच्चा कहती हो तो
चलो बचपन में ले जाते हैं।
तुम मुन्नी हो जाओ, पिंकी हो जाओ, गुड़िया हो जाओ।
हम मिट्टी का खिलौना बन जाते हैं।

तुम बुख़ार का झूठा नाटक करो,
हम बर्फ़ वाली पट्टी बन जाते हैं।
तुम हमारी आँखों में बस जाओ,
हम तुम्हारी आँखों में बस जाते हैं।

अच्छा लगा नाटक तो और आगे बढ़ाते हैं।
इस बार ऐसा करते हैं बुढ़ापे में जाते हैं।

तो तुम ख़याल रखने वाली अम्मा बन जाओ
हम अख़बार पढ़ने वाले पापा बन जाते हैं।
तुम दरवाज़े पर इंतज़ार करो,
हम नई पायल लेकर आते हैं।
तुम बिटिया की फ़िक्र करो
हम भी आँसू छुपाते हैं।

अरे नाटक था, तुम तो रो पड़ी।
मोम-सी पिघल रही हो यूँ खड़ी-खड़ी।
आओ...
मेरी आँखों में बस जाओ।
हम तुम्हारी आँखों में बस जाते हैं।
चलो सुनसान में चलकर,
ख़ूब शोर मचाते हैं।

नवजात पौधा

तुम्हें निहारता हूँ नाज़ुक नज़रों से,
जैसे नवजात पौधा हो।

सख़्त नज़रों से देखा तो मुरझा न जाओ,
छूता रहता हूँ तुमको हौले से।

जैसे तुम नई नवेली पेंटिंग हो
सख़्त हाथों से छुआ तो, औंधे मुँह गिर न जाओ Canvas पर।

चूमता हूँ तुम्हें बस दूर से,
जैसे तुम नायाब हीरा हो।

ज़बान की चालाकी कहीं जान न लेले मेरी,
आवाज़ देता हूँ Mute हो के।

जैसे तुम जलती मोमबत्ती हो,
आवाज़ की सख़्ती से काँप न जाओ।

तुम्हारे आने से महका था जो रास्ता,
धीमे पाँव चलता हूँ उन पर।
कहीं मेरी कोई चाल,
तुम्हें दूर न कर दे।

वो नदी है

मुझमें इस क़दर समाती है,
जैसे नदियाँ समंदर में नहाती हैं।

वो मुझसे ऐसे दूर जाती है,
जैसे गर्मी में नदियाँ सूख जाती हैं।

वो मुझपे ऐसे उमड़ पड़ती है,
जैसे नदियाँ अपने उफ़ान पे आती हैं।

वो जब भी आती है अकेली नहीं आती,
जैसे नदियाँ मिलकर संगम बनती हैं।

देखने वाले कहते हैं वो लहरों को आँखों में लेके झूमती है।
मिलती कभी नहीं, जेब में समंदर का पता लेके घूमती है।

वो अल्हड़ मुस्कान-सी लड़की है

वो बड़ी उम्र की नादान-सी लड़की है।
वो अक्सर सोए ख़्वाब जगाती रहती है।

रिश्तों की हर गाँठ सुलझाती रहती है।
हँसी ओढ़ के आँसू छुपाना उसे आता है।

उसने सिखाया अपना वक़्त,
अपनों पे कैसे लुटाया जाता है।

कभी वक़्त ने नचाया उसे।
आज वो वक़्त को नचाती है।

इम्तिहान लेने की कोशिश न करना।
तुम्हारे चार क़दम के बदले वो आठ क़दम चली आती है।

मंदिर–सी मूरत है वो दिल उसका जैसे कोई धाम है।
पवित्र तो इतनी, जितना पवित्र उसका नाम है।

हर ख़ुशी को मिले उसके घर का पता,
हर अरमान–सी लड़की है।

वो अल्हड़ मुस्कान–सी लड़की है।

तुम लिखती हो

मुझे नहीं आता।
सच्ची...
मेरे भीतर जो 'तुम' हो,
शायद तुम लिखती हो।

प्रेम को शब्द बनाकर।
Feelings को words बनाकर।
तकलीफ़ों को अल्फ़ाज़ बनाकर।
हाँ भाई...
मुझे पता चल गया।
तुम ही तो लिखती हो।

तुम ही मेरे
शब्दों में जान देती हो।
तुम ही मेरे तीर को कमान देती हो।
हाँ सच्ची...

मैं नहीं लिखता।
मेरे भीतर तुम हो और तुम ही लिखती हो।

कैसे लिखूँ

बुरी लिख दूँ
तो अच्छाई डर जाएगी।
पूरी लिख दूँ
तो सच्चाई मर जाएगी।

वो कहते हैं अच्छी बातें लाओ।
नहीं है तो बनाओ।

सच गया तेल लेने।
तुम कल्पना की उड़ान भरो।
लोगों को ज़ायक़ेदार पसंद है।
यार कुछ भी करो।

कैसे कहूँ कि सच के अलावा कुछ याद नहीं।
वो मीनार नहीं टिकती जिसकी बुनियाद नहीं।

कहाँ से शब्दों में ताप लाऊँ।
न आग है, न धुआँ
कैसे लिख दूँ, जो न है, न हुआ।

कैसे कहूँ की बस अँधेरा है, पहले वाली रात नहीं होती।
सूखा पड़ा है INBOX, महीनों से बात नहीं होती।

सुनो...
जहाँ दिमाग़ होता है, वहाँ नादानियाँ नहीं होतीं।
और जिनमें सब अच्छा-अच्छा हो,
सच्ची वो कहानियाँ नहीं होतीं।

तुम्हारा नाम लिखना है

सोचा तो बहुत तुम्हारे नाम पर,
कि कहीं लिख दूँ सँभाल के।

बचपन से पेड़ों पर देखा है।
आशिक़ करते हैं मोहब्बत की नुमाइश।
लिख के महबूबा का नाम।

फिर लगा जब इश्क़ हमने किया,
तो क्यों कुरेद दूँ सीना दरख़्तों का।

रेत पर लिखने का ख़याल आया कई बार मुझे।
मगर लहरें चुनौतियाँ देती रहीं हर बार मुझे।

ऐसा नहीं कि ज़मीं पे लिखने की न की हो ग़लती।
इतना समझ लो हवा से आज भी अपनी दुश्मनी है चलती।

मेरे घर काफ़ी लोगों का आना-जाना है।
मुझे अपनी राय देता पूरा ज़माना है।
बोला किसी छछुंदर छिछोरे छोकरे ने
बनवा लो Tattoo ..
उसका और अपना नाम मिलाकर।
मैंने भी हाँ कह दिया चुपचाप सर हिलाकर।
अब दुकानें चुप हैं शहर की, सब हो गए मौन
बस इतना ही तो पूछा था 'रूह पर Tattoo बनाएगा कौन'?

रोज़ पिघलते वक़्त ने याद दिलाया।
दूर कहीं बर्फ़ वाली पहाड़ी का पता बताया।

जा के लिख दूँ नाम उसका बर्फ़ वाली चट्टान पर।
थोड़ी मेहनत से, ज़रूरत पड़े तो खेल के जान पर।

जब-जब पड़ेगी धूप उसपे, वो नदी बन जाएगी।
जहाँ-जहाँ से गुज़रेगी, कलकल करती मोहब्बत का क़िस्सा सुनाएगी।

लगता है

जब से हुए हैं बेघर,
हर तरफ़ अपना ही घर लगता है।
डर का असर हो भी तो कैसे,
डरने वालों को ही डर लगता है।

हर करवट में यादें सारी उसी की हैं।
वो अभी भी मेरा हमबिस्तर लगता है।
चाह भी लूँ नफ़रत करना, कर ही नहीं पाता।
वो कमबख़्त प्यारा इस क़दर लगता है।

बहादुरी की नहीं, मौक़े की बात है।
जीतता वही है, हाथ जिसके ख़ंजर लगता है।
मुझे बदनाम कर गया था सरे–बाज़ार उस दिन।
सामने पड़ जाऊँ तो झुकने उसका सर लगता है।

वो आई है

ना, दोस्त नहीं...
जस्ट फ्रेंड भी नहीं।
समझो परछाईं है।
चमक रही हैं पलकें वो आँखों में समाई है।

जब साथ होते हैं,
धड़कन वक़्त से तेज़ भागती है।
सुनो...
आजकल मैं सो जाता हूँ वो मुझमें जागती है।

मैं माथे पर चूमता हूँ,
वह आँखें मूँद लेती है।
मैं तुकबंदी लिखता हूँ,
वो गहराई ढूँढ़ लेती है।

कहती है अनमोल शायरी T.V. पर बेच के आते हो।
कौन–सा गहरा दर्द है जो रोते और रुलाते हो।

वैसे उसमें बचपना है और उल्टा हमें समझती है।
कल फिर सुबह हो गई, इतनी बातें कहाँ से लाती है!

कहती है फैलते काजल की फ़िक्र है, तो बस गुदगुदाया करो।
धुंधले दिखने लगते हो, यही सोच के न रुलाया करो।

वो इश्क़ लिखती है

वो स्याह आँखों से इश्क़ लिखती है।
कह दो मैं ख़ाली पन्ने-सा वीरान हूँ।

वो शायरी करती है अपनी अदा से।
कह दो मैं भी उसका क़दरदान हूँ।

वो ख़याल रखती है आदतन सबका।
कह दो मैं भी थोड़ा नादान हूँ।

वो भटकता देख नहीं पाती किसी को।
कह दो मैं भी शहर से अनजान हूँ।

वो ग़लती से बड़ी सज़ा सोच लेती है।
कह दो मैं भी तो इंसान हूँ।

चुटकुलों का बाज़ार

आजकल ग़ज़ल ससुराल हो गई है, ठिठोली मायका है।
तकलीफ़ गले पड़ती नहीं, ज़ुबान पे लतीफ़ों का ज़ायक़ा है।

शायरी को सुला के,
ज़ख़्मों को छुट्टी दे के।
आँसुओं को छुपा के,
दर्द को मीठी घुट्टी दे के।

बड़ी बातों को हँसी में उड़ा के।
दिमाग़ को थोड़ा व्यंग्य पढ़ा के।
अपने जज़्बात को क़ाबू कर के।
उपन्यास को चाचा चौधरी साबू कर के।

हँसी, ख़ुशी, गुदगुदी के इंतज़ार में हूँ।
आजकल मैं चुटकुलों के बाज़ार में हूँ।

ज़िंदगी

तू साथ है तो आसान है ज़िंदगी,
दूर हो जाए, तो नुक़सान है ज़िंदगी।

मैं तो धड़कता हूँ, तेरी ही धड़कन से,
कहीं तू रुक गई, तो बेजान है ज़िंदगी।

महकता है घर का हर कोना तेरे रहने से,
तू जो न रहे तो, ख़ाली मकान है ज़िंदगी।

तेरी एक आवाज़ पर, नसें फड़कने लगती हैं,
अकेला पड़ जाऊँ तो, सिर्फ़ थकान है ज़िंदगी।

मुझसे तू जानी जाती है, तुझसे जाना जाता हूँ मैं,
जो हम साथ नहीं, तो गुमनाम है ज़िंदगी।

हाथ थाम के चले तू, तो डर नहीं रुसवाई का,
दिख जाऊँ ग़ैर की बाँहों में, तो बदनाम है ज़िंदगी।

तेरी मौजूदगी काफ़ी है, सुकून के लिए,
तुझसे जुदाई के ख़याल से, परेशान है ज़िंदगी।

सिद्धार्थ

मन के महाभारत में अपनों से युद्ध करके आया है।
तू सिद्धार्थ बनके जन्मा था,
ख़ुद को बुद्ध कर के आया है।

हर मोड़ पर रिश्तों का बंधन तुझे जकड़ता था।
तू जानता है तेरे हिस्से का ग़ुरूर लेकर कोई और अकड़ता था।

आँखों में लेकर आँसू,
होंठों से मुस्कुराता है।
तू अपने ज़ख़्मों पर,
चुटकुलों के पर्दे लगाता है।

सब मिला है,
तू दुनिया में मशहूर हो गया।
तकलीफ़ बस इतनी है,
अपनी परछाईं से दूर हो गया।

यह मत सोच कि सब जुदा हो गए।
तू यह देख तेरे साथ ख़ुद ख़ुदा हो गए।

हिम्मत का सागर है,
दुख के दरिया से घबराया है!
तू सिद्धार्थ बनकर जन्मा था,
ख़ुद को बुद्ध कर के आया है।

फिर मुंबई...

यहाँ सुबह की चाय नहीं मिली।
बिना माँगे कोई राय नहीं मिली।

दीवारों पे नाज़ुक हाथों की लिखावट नहीं है।
घर में बिखरी हुई सजावट नहीं है।

आज से फिर ज़िंदगी आसान नहीं है।
यहाँ *'ओजु' की जादुई मुस्कान नहीं है।

यहाँ दिन में दिन नहीं,
रात में रात नहीं।
दो कमरों में टकराती हैं ख़्वाहिशें,
यहाँ घर वाली बात नहीं।

पर क्या करें, इस शहर में आस है।
इसी समंदर की तो प्यास है।

यही ख़्वाबों को पर लगाता है।
हर सुबह सपनों से नहलाता है।

अंदर का घाव

मुँह मोड़ के बैठे थे पन्ने सारे,
रूठ के बैठी थी क़लम भी।
नींद में थे अल्फ़ाज़ मेरे,
अलसाई-सी थी ख़्वाहिश मेरी।

मैंने पूछा सब नाराज़ हो क्या मुझसे ?
सब ने बेरुख़ी से कहा।
तुम आजकल हमारी ख़बर नहीं लेते।
भूल गए हो या चुटकुले हमारे पास आने नहीं देते।

हमने कहा...
जब बाहर चोट लगती है तो हँसी निकलती है।
और अंदर चोट लगे तो शायरी।
लगता है अंदर का घाव थोड़ा भर रहा है।

आँखें और पलकें

तुम पलकें हो, मैं आँखें तुम्हारी।
जब तक उठोगी नहीं कैसे देखूँगा दूनिया सारी।

तुम आँखें हो, मैं पलकें तुम्हारी।
उठ गईं तो तुम्हें उलझा लेंगी दुनिया सारी।

तुम पलकें हो, मैं आँखें तुम्हारी।
खुलती रहो बंद होती रहो,
देखूँगा तुम्हें अंदर-बाहर बारी-बारी।

तुम आँखें हो, मैं पलकें तुम्हारी
खुलती रहीं बंद होती रहीं।
तो ज़माना कहेगा दिल की तरह धड़क रही हैं आँखें।
कहीं इनमें बस तो नहीं गई कोई तस्वीर तुम्हारी।

आँखों के ऊपर पलकें,
पलकों तले आँखें।
बंद हो पलकें तो,
छुप जाऊँ।
खुल जाएँ तो झाँकें।

इतना-सा क़िस्सा है

बस इतना-सा क़िस्सा है।
मैं तेरा, तू मेरा हिस्सा है।

दिन में कई बार तेरा माथा चूमना।
बिना destination के दिन भर घूमना।
तेरी धुन पर मेरा और मेरी धुन पर तेरा झूमना।

जगना जगाना,
अपने-अपने सपने बताना।
राज़ की बात बताऊँ कह के,
कान में चिल्लाना।

बड़ी-बड़ी बातें हँस के सहना।
तेरा मेरे को ग़ुस्से में 'आप' कहना।

सुकून मिल जाए हर काम में इसीलिए तूझे पूरा पसंद है।
तड़प बरक़रार रहे इसलिए मुझे हर काम अधूरा पसंद है।
अच्छा सुनो न...
मैं अभी भी वैसा हूँ।
आज भी अंग्रेज़ी से ख़ुद को जोड़ नहीं पता हूँ।
लाख समझा लो हाथ से खाना, खाना छोड़ नहीं पाता हूँ।
मोहब्बत की वही, हाँ वही ख़ुशबू है मेरे दर पे।
कभी बहाने से आजा, उसी घर पे।

मेरी हर करवट में तू है।
बिस्तर की हर सिलवट में तू है।

मेरी परछाईं भी मुझे सताती है।
मेरे बदन से तेरी ख़ुशबू आती है।

शायद तू रूह तक समाई है।
हर आहट में लगता है, तू आई है।

बिखरी यादों को चुनता रहता हूँ।
वो चाँद वाला गाना याद तो होगा,
मैं दिन भर सुनता रहता हूँ।

वो पर्स याद है जो तूने दिया था।
उसमें आजकल पैसे कम यादें ज़्यादा हैं।
छुपा के रखी वो एक-एक लाइन की चिट्ठियाँ,
जिन्हें बार-बार पढ़ने का इरादा है।

मुझे कोई राय दे दे,
मुझे कोई उपाय दे दे।
मैं मिट जाऊँ तेरे बिना,
मुझे अपनी हाय दे दे।

आवाज़ें

जहाँ मैं रहता हूँ।
वो घर नहीं, इमारत है।
यहाँ घर कम और इमारतें ज़्यादा हैं।
इमारतों में लोग नहीं कुछ आवाज़ें रहती हैं।

आवाज़ें बात करती हैं।
आवाज़ें सुनती भी हैं।
आवाज़ें सुबह उठ के काम पे चली जाती हैं।

कुछ आवाज़ें देर तक सोती रहती हैं।
शायद वो आवाज़ें रात से लड़ती रहती हैं।

एक ही इमारत में रहने वाली बहुत आवाज़ें,
आपस में मिली भी नहीं हैं।

हर आवाज़ के पास,
अपनी एक चुप्पी भी है।
जिसका इस्तेमाल बहुत कम है।

आवाज़ें ताक-झाँक भी करती हैं।
आवाज़ें नज़रें भी मिलाती हैं।
कभी पास आने पे Hello जैसा कुछ बुदबुदाती हैं।

वैसे तो आवाज़ों को बोलते रहने का शौक़ है।
पर कोई मसला हो तो,
आवाज़ें चुप्पी साध लेती हैं।

कुछ चालाक आवाज़ें हैं,
जिनसे मिलने का मन नहीं करता।
कुछ मासूम आवाज़ें हैं,
जो चालाक होना नहीं चाहतीं।

कल लिफ़्ट में मेरी मुलाक़ात
एक मासूम आवाज़ से हुई।
ऐसी मासूम आवाज़ों से मिलते रहिए,
जब तक वो चालाक नहीं हो जातीं।

शहर का जंगल

वो थोड़ा ज़िम्मेदार-सा लगता है।
तो ज़माने को गँवार-सा लगता है।

कह दो धोखे खाने की आदत डाल ले,
सबके लिए वो मददगार-सा लगता है।

एक याद करे तो ही, करता है दूसरा याद,
ये साला इश्क़ भी व्यापार-सा लगता है।

कोई मान बेचता है, कोई ईमान बेचता है,
हर शख़्स ख़ुद में एक बाज़ार-सा लगता है।

धीरे-धीरे चुभता था, यहाँ रिश्तों का ख़ंजर,
आजकल तो आर-पार-सा लगता है।

जब से हुई है मेरी 'माई' retire
हर दिन उसे इतवार-सा लगता है।

कंधे busy हैं अपनों के, मैं पेड़ तले बैठ के रो लेता हूँ।
ये पास वाला जंगल, मुझे परिवार-सा लगता है।

चुनाव

वही लाता है बाढ़।
और वही नाव लेकर आता है।
पता नहीं क्या-क्या यह चुनाव लेकर आता है।

सिर्फ़ काग़ज़ पर...
सिर्फ़ काग़ज़ पर बदलाव लेकर आता है।
पता नहीं क्या-क्या यह चुनाव लेकर आता है।

ओढ़ के देवता का मुखौटा,
इंसानियत का अभाव लेकर आता है।
पता नहीं क्या-क्या चुनाव लेकर आता है।

अंदर होती है धूप की चादर,
ऊपर से नकली छाँव लेकर आता है।
पता नहीं क्या-क्या यह चुनाव लेकर आता है।

हर सफ़ेद कबूतर कौवे की काँव लेकर आता है।
पता नहीं क्या-क्या यह चुनाव लेकर आता है।

Cold कॉफ़ी hot इश्क़

जब से होश सँभाला है मैंने,
या होश ने सँभाल लिया है जब से मुझे।
कभी भी ऑर्डर नहीं करता हूँ cold coffee.

सच में...
हर बार hot coffee ही ऑर्डर करता हूँ।
वो हो जाती है कोल्ड, इंतज़ार करते-करते।
जैसे मर जाता है मन, झूठ पे ऐतबार करते-करते।

सिलसिला अचानक शुरू हुआ इन coffee shops का।
अक्सर वो मिलने वहीं बुलाती थी।
मैं क़लम चलाता था, वो अपनी चलाती थी।

मेरे चुटकुले हार जाते थे, हँसी के इंतज़ार में।
और वो नॉर्मल बातों पे खिलखिलाती थी।

हमने भी छोड़ दिया मिलना, इशारे से बता के।
कब तक रहता चुप, coffee हलक़ में अटका के।

अब कभी अचानक मुलाक़ात हो जाए
तो हम दोनों, हमारे दोनों के साथ Table बदल लेते हैं।
और आँखें रास्ता बदल लेती हैं।
पर दिल में कहीं यादों की cold हुई
hot coffee गर्म होने लगती है।

अब इश्क़ की सुनिए...
इश्क़ तो जितनी बार हुआ hot ही रहा हमेशा।
क़सम से...
हमें आता नहीं है फूँक-फूँक के इश्क़ करना।

90's का कमरा

मेरे घर में 4 कमरे हैं...
पापा-मम्मी का।
भाई-भाभी का।
बहनों का।
और एक कमरा और
जिसे मैं 90's का कमरा कहता हूँ।

जिसमें एक पुरानी-सी किताब है।
जिसमें एक ज़िंदा ख़्वाब है।
जिसमें मेरे हिस्से का चाँद,
मेरे हिस्से का आफ़ताब है।

अंदर बिस्तर पर मेरा बचपन सोता है।
होमवर्क के डर से छुप-छुप रोता है।

उस कमरे में सुकून का एक सिरहाना है।
स्कूल नहीं जाने का एक नया बहाना है।

उसकी खिड़की से फ़ुटबॉल, क्रिकेट, कबड्डी की आवाज़ें आती हैं।
छज्जे पर बैठकर आज भी कोयल गाती है।

उसके रौशनदान से बचपन की रौशनी आती है।
मेरे नाम से गूँजता है कमरा, मम्मी बताती है।

कमरे की दीवारों पर सफ़ेदी नहीं, मेरी शरारत का रंग चढ़ा है।
रोज़ बुलाता है मुझे, जो काफ़ी वक़्त से बंद पड़ा है।

दरअसल जवानी ने बचपन से झगड़ा कर के कमरे में ताला जड़ दिया।
और ज़िम्मेदारियों ने उसकी चाबी छुपा दी।

आप भी अपने मकानों में झाँक के देखिए।
आपके 90's का कमरा खुला है...
या बंद है...

ज़िंदा रखना

अपने भीतर गाँव ज़िंदा रखना।
नीम, पीपल, बरगद की छाँव ज़िंदा रखना।

अपने भीतर नानियाँ ज़िंदा रखना।
बचपन की कहानियाँ ज़िंदा रखना।

नए कपड़े में पुराना नोट ज़िंदा रखना।
साइंस की किताब छुपा के पढ़ते थे वो 'लोटपोट' ज़िंदा रखना।

छोटे शहर की सब्ज़ी मंडी ज़िंदा रखना।
तुम्हारे घर से उसके घर को मिलाने वाली पगडंडी ज़िंदा रखना।

छुट्टी की चहक ज़िंदा रखना।
मिट्टी की महक ज़िंदा रखना।

क्रिकेट का चौका ज़िंदा रखना।
छुप के मिले थे पहली बार, वो मौक़ा ज़िंदा रखना।

जो पूरी न हो सकी वो कहानी ज़िंदा रखना।
कभी जान-बूझ के की थी वो नादानी ज़िंदा रखना।

हो सके तो पहला प्यार ज़िंदा रखना।
जिससे बातचीत बंद है वो यार ज़िंदा रखना।

कॉलेज कैंटीन और फ्रेंडशिप बैंड ज़िंदा रखना।
उसकी साइकल के पास अपनी साइकल लगाते थे,
वो स्टैंड ज़िंदा रखना।

मम्मियाँ सुन के आँखें बंद करती थीं, वो पूजा वाला शंख ज़िंदा रखना।
और पन्नों में दबाकर रखते थे, वो मोर पंख ज़िंदा रखना।

कविताओं ने जो सिखाया वो इल्म ज़िंदा रखना।
संडे को जो आती थी, वो चार बजे वाली फ़िल्म ज़िंदा रखना।

रो के जो गुज़री हैं, वो रातें ज़िंदा रखना।
घर से भेजते वक़्त माँ ने कही थीं, वो बातें ज़िंदा रखना।

प्रेमिका के चेहरे की चमक ज़िंदा रखना।
गर कभी दुश्मन ने खिलाई हो, वो नमक ज़िंदा रखना।

बुज़ुर्गों की दुआओं का उजाला ज़िंदा रखना।
दुआओं का उजाला रहेगा तो अँधेरे से डरोगे नहीं।

और इतना कुछ ज़िंदा रहा,
तो मर कर भी मारोगे नहीं।